BEI GRIN MACHT SICH IHR WISSEN BEZAHLT

- Wir veröffentlichen Ihre Hausarbeit, Bachelor- und Masterarbeit

- Ihr eigenes eBook und Buch - weltweit in allen wichtigen Shops

- Verdienen Sie an jedem Verkauf

Jetzt bei www.GRIN.com hochladen und kostenlos publizieren

Lars Nielsen

Grundlagen und Begriffe für die Einführung einer Enterprise Resource Planning (ERP) Software

GRIN Verlag

Bibliografische Information der Deutschen Nationalbibliothek:

Die Deutsche Bibliothek verzeichnet diese Publikation in der Deutschen National-
bibliografie; detaillierte bibliografische Daten sind im Internet über http://dnb.d-
nb.de/ abrufbar.

Dieses Werk sowie alle darin enthaltenen einzelnen Beiträge und Abbildungen
sind urheberrechtlich geschützt. Jede Verwertung, die nicht ausdrücklich vom
Urheberrechtsschutz zugelassen ist, bedarf der vorherigen Zustimmung des Verla-
ges. Das gilt insbesondere für Vervielfältigungen, Bearbeitungen, Übersetzungen,
Mikroverfilmungen, Auswertungen durch Datenbanken und für die Einspeicherung
und Verarbeitung in elektronische Systeme. Alle Rechte, auch die des auszugsweisen
Nachdrucks, der fotomechanischen Wiedergabe (einschließlich Mikrokopie) sowie
der Auswertung durch Datenbanken oder ähnliche Einrichtungen, vorbehalten.

Impressum:

Copyright © 2008 GRIN Verlag GmbH
Druck und Bindung: Books on Demand GmbH, Norderstedt Germany
ISBN: 978-3-656-71650-1

GRIN - Your knowledge has value

Der GRIN Verlag publiziert seit 1998 wissenschaftliche Arbeiten von Studenten, Hochschullehrern und anderen Akademikern als eBook und gedrucktes Buch. Die Verlagswebsite www.grin.com ist die ideale Plattform zur Veröffentlichung von Hausarbeiten, Abschlussarbeiten, wissenschaftlichen Aufsätzen, Dissertationen und Fachbüchern.

Besuchen Sie uns im Internet:

http://www.grin.com/

http://www.facebook.com/grincom

http://www.twitter.com/grin_com

Lars Nielsen (2008): Begriffe und Grundlagen für die Einführung einer Enterprise Resource Planning (ERP) Software

Inhalt

Einleitung

Diese Arbeit beschäftigt sich mit den theoretischen und begrifflichen Grundlagen, sowie mit den allgemeinen Rahmenbedingungen in KMU. Des Weiteren werden die typischen Ziele und Erwartungen eines Unternehmens, bei dem ein ERP-System eingeführt wird, dargestellt, da diese die Ziele einer ERP-Einführung bestimmen. In diesem Zusammenhang wird auch auf mögliche Zielkonflikte eingegangen.

1. Begriffsdefinitionen

Die folgenden Begriffsdefinitionen erläutern die zentralen Begriffe dieser Arbeit, sowie deren wesentlichen Abgrenzungen zu ähnlich gelagerten Themen.

1.1 Softwarehaus

Allgemein kann ein Softwarehaus, in manchen Quellen auch als *Softwareunternehmen* bezeichnet, in einer strengen Definition als „eine Firma, die sich auf Entwicklung, Produktion und Vertrieb von Software konzentriert" (AT-MIX 2007) verstanden werden.

Für den Kontext dieser Arbeit wird der Begriff dahingehend erweitert, dass ein Softwarehaus neben diesen Kernaufgaben zusätzlich die Beratung, Schulung und Support für die vertriebene Software anbietet (vgl. VERING 2002).

Eine kurze Internet-Recherche zeigt, dass diese erweiterte Definition insbesondere in Bezug auf mittelständische ERP-Anbieter zutreffend ist, da viele dieser Anbieter das o.g. vollständige Leistungsspektrum anbieten. Auf das Marktsegment der großen ERP-Softwareanbieter, wie z.B. SAP, Oracle und Microsoft trifft diese erweiterte Definition jedoch nicht zu. Hier finden sich viele Unternehmen, die Systemintegration, Beratung und Schulung - jedoch keine Entwicklung und Produktion - für einzelne ERP-Produkte anbieten.

Für diese Arbeit gilt daher:

Softwarehaus

> Bezeichnung für ein Unternehmen, das sich auf die Entwicklung, Produktion, Vertrieb, Beratung, Schulung und Support von Software konzentriert.

1.2   Kleine und mittelständische Unternehmen (KMU)

Der Begriff der KMU hat im Kontext dieser Arbeit eine besondere Relevanz, da er zum einen die typischen Kunden einer ERP-Software für den Mittelstand, zum anderen die ERP-Anbieter dieser Software typologisiert.

Allgemeine Typologisierung von Unternehmen

Allgemein definiert die Europäische Kommission kleine und mittelständische Unternehmen (KMU) wie folgt (vgl. EU-KOMISSION 2005):

Tabelle 1: Typologie KMU (vgl. EU-KOMISSION 2005)

Unternehmens-kategorie	Zahl der Mitarbeiter	Umsatz	oder	Bilanzsumme
Mittelgroß	< 250	≤ € 50 Millionen		≤ € 43 Millionen
Klein	< 50	≤ € 10 Millionen		≤ € 10 Millionen
Mikro	< 10	≤ € 2 Millionen		≤ € 2 Millionen

Laut EU-KOMISSION (2005) bilden die KMU 99% der Unternehmen der EU mit insgesamt über 65 Millionen Mitarbeitern.

Ohne näher auf die Branchenverteilung der Unternehmen einzugehen, wird davon ausgegangen, dass das Kundenpotenzial mittelständischer ERP-Anbieter zum Großteil aus diesen Unternehmen besteht.

Für diese Arbeit gilt daher:

> **Kleine und mittelständische Unternehmen**
> Unternehmen mit weniger als 250 Mitarbeitern und weniger als € 43 Mio. Bilanzsumme bzw. € 50 Mio. Umsatz.

<u>Spezielle Typologisierung von Softwarehäusern</u>

Bei der Typologie der Softwarehäuser in Deutschland ergibt sich ein ähnliches Bild: Fast alle Softwarehäuser beschäftigen weniger als 50 Mitarbeiter, ca. 2/3 immer noch weniger als 10 Mitarbeiter. Dies belegt sowohl eine Kurzbefragung von HAUER (1996), als auch eine Erhebung des STATISTISCHEN BUNDESAMTES (2004) über die wirtschaftliche Bedeutung der Informations- und Kommunikationstechnologien (IKT) in Deutschland.

HAUER (1996) kommt zu dem Ergebnis, dass bei 93,4% der Softwarehäuser weniger als 50 Mitarbeiter und 64,8% weniger als 10 Mitarbeiter beschäftigt sind (vgl. HAUER 1996, 99).

Laut dem STATISTISCHEN BUNDESAMT (2002) sind 96,3% der Softwarehäuser mit weniger als 50 Mitarbeiten als Kleinunternehmen und 78,1% mit weniger als 10 Mitarbeitern als Mikrounternehmen einzustufen (vgl. STATISTISCHES BUNDESAMT 2004, 53). Auch die Zahlen der Vorjahre (1999 bis 2001) zeigen hier keine größeren prozentualen Abweichungen (vgl. STATISTISCHES BUNDESAMT 2004, 50ff.).

Auch wenn anhand dieser Zahlen nicht ermittelt werden kann, wie viele dieser Softwarehäuser sich mit der Entwicklung bzw. dem Vertrieb und der Beratung von ERP-Software beschäftigen, so kann doch davon ausgegangen werden, dass der Anteil nicht unwesentlich ist.

Durchschnittliches mittelständisches Softwarehaus:

Mittelständisches Softwarehaus
Softwarehaus mit weniger als 50 Mitarbeitern und weniger als € 10 Mio. Bilanzsumme bzw. Umsatz.

1.3 Enterprise Resource Planning (ERP) Software

Enterprise Resource Planning (ERP) Software bedeutet in einer engen Definition: „integrierte Software-Lösung für die Steuerung der Auftragsabwicklung, des Vertriebs und der Abrechnung in einem Unternehmen" (BROCKHAUS 2005).

In einer deutlich erweiterten Definition beschreibt die Aufgaben einer ERP-Software wie folgt: Eine ERP-Software dient generell dem Verwalten sämtlicher

Unternehmensressourcen, wie z.B. Kapital, Betriebsmittel und Personal. Die Software ist somit in der Lage betriebliche Prozesse umfassend abzubilden und zu unterstützen. Zu den Unternehmensbereichen, die unterstützt werden, zählen u.a.:

- Materialwirtschaft
  (Beschaffung, Lagerhaltung, Disposition, Bewertung)

- Produktion

- Finanz- und Rechnungswesen, Controlling

- Personalwirtschaft

- Forschung und Entwicklung

- Verkauf und Marketing

- Stammdatenverwaltung

(vgl. DORRHAUER, ZLENDER 2004, 85 f.; WIKIPEDIA, 91.10.167.135 2007; u.a.)

ERP-Software

Integrierte Software zum Verwalten sämtlicher Unternehmensressourcen, wie z.B. Kapital, Betriebsmittel und Personal, sowie zur umfassenden Unterstützung und Abbildung betrieblicher Prozesse.

1.4 Vorgehensmodell

Die folgende Begriffsdefinition wurde vollständig von HESSELER/GÖRTZ (2007) entliehen, da diese eine sehr treffende allgemeine Definition des Begriffes „Vorgehensmodell" liefert, der sich wenig hinzufügen lässt:

„Ein Vorgehensmodell beschreibt und regelt allgemein den gesamten Prozess von der Initiierung über die Durchführung bis zum Abschluss von Projekten. Wie alle anderen Modelle auch, stellt ein Vorgehensmodell damit eine vereinfachte Abbildung der Realität dar und legt hierzu ein idealisiertes Projekt zu Grunde. (…) Es unterstützt die

Projektleitung in Form einer Vorlage, ihr konkretes Projekt zu strukturieren, zu planen und zu steuern. Durch ihren Einsatz kann die Komplexität von Projekten reduziert und Ihre Transparenz erhöht werden.

Dies wird durch die Vorgabe einer methodischen Vorgehensweise erreicht. Hierbei wird durch das Vorgehensmodell grundsätzlich eine standardisierte Strukturierung von Projekten in fest definierte Projektphasen vorgenommen, die sich hinsichtlich der jeweiligen Aufgaben und Ergebnisse klar voneinander abgrenzen lassen. Darüber hinaus können durch ein Vorgehensmodell auch die zu verwendenden Methoden oder Hilfsmittel vorgegeben werden. Die Festlegung bestimmter Meilensteine erleichtert zudem das Projektmanagement." (HESSELER, GÖRTZ 2007, 114 f.)

Zusammenfassend wird für diese Arbeit daher folgendes angenommen:

Vorgehensmodell

Ein Vorgehensmodell beschreibt und regelt allgemein den gesamten Projektablauf von der Initiierung über die Durchführung bis zum Abschluss. Dabei wird insbesondere eine standardisierte Strukturierung fest definierter Projektphasen, sowie der Methoden und Hilfsmittel vorgenommen.

1.5 Software- und ERP-Einführung

Der Begriff der *Softwareeinführung* beschreibt einen Prozess, dessen Ziel die Einführung eines neuen Softwaresystems bei einem Unternehmen ist. Der Begriff der *Softwareeinführung* wird dabei in der Literatur synonym mit dem Begriff der *Softwareimplementierung* verwendet.

Die *ERP-Einführung* (= Kurzform von Enterprise Resource Planning Software Einführung) wird somit als Spezialisierung dieses Prozesses definiert und im Rahmen dieser Arbeit schwerpunktmäßig behandelt.

Wichtig an dieser Stelle ist die Abgrenzung gegenüber der *Softwareinstallation* und der *Softwareauswahl*. Unter einer *Softwareinstallation* wird die technische Installation eines neuen Softwaresystems bei einem Unternehmen verstanden. Bei der *Softwareeinführung* werden jedoch neben der technischen Komponente zusätzlich die

Integration der Software in die Geschäftsprozesse der Mitarbeiter berücksichtigt (vgl. SHIELDS 2002, 26).

Die *Softwareauswahl* wird im Rahmen dieser Arbeit nicht berücksichtigt, da der hier untersuchte Einführungsprozess erst im Anschluss an die *Softwareauswahl* stattfindet.

Für diese Arbeit gilt daher:

ERP- und Softwareeinführung

Die ERP-Einführung ist eine Spezialisierung der Softwareeinführung, mit dem Ziel der Einführung neuer ERP-Systeme bei Unternehmen. Dabei werden insbesondere Geschäftsprozesse, Mitarbeiter und Technik berücksichtigt und primär konkrete Geschäftszwecke zur Optimierung der Unternehmensprozesse und -strukturen verfolgt.

1.6 Organisationskultur

Die Organisationskultur ist eine wichtige Rahmenbedingung, die bei einer ERP-Einführung beachtet werden muss. Sie beeinflusst das gesamte ERP-Einführungsprojekt unter verschiedenen Gesichtspunkten (vgl. Kap. 0).

Abstrakt formuliert, kann man die Organisationskultur als System von gemeinsamen „Grundprämissen" betrachten, welches die Mitglieder einer Organisation entwickelt haben, um Probleme, die sowohl durch externe Umwelteinflüsse als auch durch interne Einflüsse entstehen, zu bewältigen. Diese „Grundprämissen" gelten, da sie sich bewährt haben, sowohl für die bestehenden als auch für neue Mitglieder und werden an letztere als rational und emotional korrekt weitergegeben (vgl. SCHEIN 1995, 25).

Konkreter formuliert, kann man die Organisationskultur auf die extern sichtbaren Merkmale beziehen, welche als System von informellen Merkmalen, Wertvorstellungen, Richtlinien, Denk- und Handlungsweisen und Verhaltensnormen verstanden werden, die zur „...Bewältigung externer Umweltanforderungen und interner Integrationserfordernisse..." (GEBERT/VON ROSENSTIL 1992, 298) dienen.

Organisationskultur
System von gemeinsamen „Grundprämissen", welches die Mitglieder einer Organisation entwickelt haben, um Probleme, die sowohl durch externe Umwelteinflüsse als auch durch interne Einflüsse entstehen, zu bewältigen.

2. Rahmenbedingungen in KMU und ihre Auswirkungen

Einige Rahmenbedingungen in KMU haben einen maßgeblichen Einfluss auf den Prozess einer ERP-Einführung. Dies gilt sowohl für mittelständische ERP-Softwarekunden als auch für ERP-Softwareanbieter. Im Folgenden wird daher auf wichtige Rahmenbedingungen, sowie deren Einfluss auf diese beiden Unternehmenskategorien eingegangen.

2.1 Einfluss der Unternehmensgröße

Die in Kap. 1.2 definierte Unternehmensgröße von KMU führt zu den folgenden Implikationen in Bezug auf eine ERP-Einführung.

Kosten einer ERP-Einführung im Verhältnis zur Unternehmensgröße

Die Investition in eine ERP-Einführung stellt für ein KMU einen großen Kostenfaktor dar. Es fallen nicht nur Lizenz-, Wartungs- und Beratungskosten für die Software an: neue Hardware wird benötigt, Mitarbeiter müssen geschult werden und es ist mit Reibungsverlusten unmittelbar nach der Inbetriebnahme zu rechnen. Es wird angenommen, dass eine ERP-Software eine Lebensdauer von 10-15 Jahren hat. Dementsprechend nachhaltig ist die Entscheidung für ein bestimmtes Produkt (vgl. VERING 2002, 128 ff.).

In einem größeren Unternehmen, in dem die ERP-Software nur einen Teil des Gesamt-Softwaresystems darstellt oder nur in einem bestimmten Unternehmensteil eingesetzt wird, kommt dieser Faktor nicht so stark zum Tragen.

Des Weiteren ist das Verhältnis der Kosten einer ERP-Einführung zum Umsatz des Unternehmens bei KMU deutlich kritischer für den Unternehmenserfolg als bei einem größeren Unternehmen, wie die folgende Berechnung exemplarisch zeigt:

9

Tabelle 2: Umsatzminderung durch ERP-Einführung

Allgemeine Berechnung	Kleines / mittleres Unternehmen	Mittelgroßes Unternehmen
$\dfrac{Kosten}{Gewinn} = Umsatzminderung\ in\ \%$	$\dfrac{50.000\,€}{2.000.000\,€} = 2,5\%$	$\dfrac{620.000\,€}{80.000.000\,€} = 0,78\%$

Die Zahlen für das kleine/mittlere Unternehmen wurden anhand der Erfahrung des Autors, sowie verschiedener Diskussionen in Internetforen ermittelt (vgl. z.B. TOBLER, U.A. 2004). Die Zahlen für das mittelgroße Unternehmen wurden einer SAP R/3 Fallstudie entnommen und auf Euro pro Jahr umgerechnet (vgl. WELTI 1999, 1; 42). Der Vergleich soll lediglich das grundsätzliche Verhältnis darstellen. Die konkret genannten Zahlen der Umsatzminderungen sind auf Grund der nicht identischen Datenbasis, sowie der verwendeten Quellen nicht als allgemeingültig zu verstehen.

Verhältnis der Unternehmensgröße von Anbieter und Käufer

Nach Meinung des Autors sollte bei einer ERP-Einführung beachtet werden, dass das Verhältnis von ERP-Software-Anbieter und ERP-Software-Käufer ausgewogen ist.

Unter einem ausgewogenen Größenverhältnis wird in diesem Fall verstanden, dass sich ein mittelständisches Unternehmen als ERP-Käufer an ein mittelständisches Softwarehaus als ERP-Anbieter wendet und ein großes Unternehmen an einen großen Anbieter. Zu beachten sind dabei die in Kap. 1.2 definierten unterschiedlichen Größenverständnisse von Unternehmen und Softwarehaus.

Grund für das möglichst ausgewogene Verhältnis ist die Vermeidung von denkbaren größenbedingten Problemen, wie sie exemplarisch in **Tabelle 3** beschrieben werden:

Tabelle 3: Größenbedingte Probleme ERP-Anbieter und -Käufer

Konstellation	Denkbare Probleme bei einem extremen Größen-Missverhältnis von Anbieter und Käufer
Anbieter > Käufer	• Für den Anbieter ist der einzelne Käufer eher unwichtig. Bei Problemen hat der Käufer kaum Möglichkeiten den Anbieter zu schnellen Reaktionen und/gutem Service zu bewegen.

	• Es wird mehr geboten als benötigt. Das Preis/ Leistungsverhältnis entspricht nicht den Erwartungen.
Anbieter < Käufer	• Der Anbieter ist abhängig vom Käufer. Entscheidungsspielräume für zukünftige Entwicklungen sind eingeschränkt, u.ä. • Der Anbieter ist den Anforderungen des Käufers nicht gewachsen (zu wenig Ressourcen, Know-how, o.ä.).

2.2 Einfluss der Organisationsstruktur

Die Organisationsstruktur eines Unternehmens hat einen wechselseitigen Einfluss auf eine ERP-Einführung, da es sich, wie bereits in Kap. 0 definiert, nicht um eine reine Softwareinstallation handelt. Details zum wechselseitigen Einfluss auf die Unternehmensprozesse werden bei der Diskussion der Bedeutung von ERP-Software in Kap. 0 thematisiert.

Einfluss einer ERP-Einführung auf die Organisationsstruktur

Abhängig von den Zielen einer ERP-Einführung besteht ein wechselseitiges Verhältnis zwischen der Einführung und der Organisationsstruktur: Ist das Ziel nicht nur die Optimierung der Prozesse sondern eine vollständige Neugestaltung der Prozesse, spricht man vom Business Process Reengineering (BRP). Es wird eine Soll-Organisation (bzw. ein Referenzmodell) unter Berücksichtigung der (neuen) IT erstellt, deren einziger Ausgangspunkt die zu erbringende Leistung ist (vgl. DORRHAUER, ZLENDER 2004, 53). Diese Soll-Organisation wird nicht nur die Unternehmensprozesse sondern auch die Unternehmensstruktur verändern.

Dieses relativ radikale Vorgehen gehört so oder zumindest in abgeschwächter Form insbesondere bei großen ERP-Einführungen wie z.B. von SAP R/3 zum Standardvorgehen (vgl. WELTI 1999, 91).

Natürlich kann auch bei anderen (kleineren) ERP-Produkten ein BPR bewusst durchgeführt werden, wenn die absolute Optimierung der Prozesse im Mittelpunkt der

Ziele einer ERP-Einführung steht. Typischerweise wird jedoch eher der folgende Ansatz gewählt werden.

Einfluss der Organisationsstruktur auf eine ERP-Einführung

Ist das Ziel der ERP-Einführung eine möglichst schnelle Verfügbarkeit des Systems, ohne die Organisationsstruktur zu beeinflussen, wird tendenziell ein abweichender Ansatz gewählt werden: Bei diesem Ansatz wird vorrangig versucht, den Informationsfluss und die Prozesse zu optimieren, ohne die grundsätzliche Organisationsstruktur zu verändern (vgl. ORTNER 2005, 33; SCHIELDS 2002, 203 ff.).

Organisationsstruktur in KMU

Insbesondere in KMU sind Organisationsstrukturen zu finden, die kostenverträglich sind und somit auch Einfachheit und Transparenz gewährleisten (vgl. HOFMANN 2005, 22). Dies führt in vielen KMU zu flachen Hierarchien und kurzen Entscheidungswegen.

Inwiefern dies Einfluss auf die Möglichkeiten einer Anpassung der Organisationsstrukturen an optimierte Prozesse oder auf den gegenteiligen Fall hat, kann nicht allgemeingültig beantwortet werden und muss im Einzelfall geklärt werden.

2.3 Einfluss von Mitarbeiterverhalten und Organisationskultur

Die Organisationskultur ist einer der wichtigsten Einflussfaktoren, der den Erfolg einer ERP-Einführung maßgeblich mitbestimmt: Wie bereits in Kap.0 erläutert, bestimmt die Organisationskultur sowohl das Verhalten der Mitarbeiter in Bezug auf äußere Einflüsse, als auch das der Mitarbeiter untereinander.

Eine ERP-Einführung kann sicherlich als ein starker äußerer Einfluss gewertet werden, so dass die Organisationskultur den Erfolgt des ERP-Einführungsprojektes mitbestimmt: Wenn die Führungskräfte und Mitarbeiter eine grundsätzlich positive Einstellung gegenüber der ERP-Einführung haben, kann dies maßgeblich zum Projekterfolg beitragen. Der gegenteilige Fall kann dementsprechend auf Grund von Widerständen zu Verzögerungen oder dem Scheitern des Projektes führen (vgl. SCHIELDS 2002, 168ff.).

Mitarbeiterverhalten und -erwartungen

Eine ERP-Einführung hat einen Einfluss auf die meisten Mitarbeiter eines Unternehmens. Ihre tägliche Arbeit sowie möglicherweise ihre Position im Unternehmen ändern sich. Wie tiefgreifend die Änderungen nach der ERP-Einführung tatsächlich sind, ist zunächst unerheblich, da bereits die Erwartung zu einem veränderten Verhalten führt (vgl. SHIELDS 2002, 68). Dabei wird davon ausgegangen, dass ca. 20% der Mitarbeiter negativ und die restlichen 80% positiv gegenüber dem neuen System eingestellt sind (vgl. WELTI 1999, 121ff.). Die beiden folgenden Abbildungen zeigen den zeitlichen Verlauf bei einer negativen bzw. positiven Erwartung an die anstehenden Änderungen.

Abbildung 1: Negative emotionale Reaktion (frei übersetzt von WELTI 1999, 120)

13

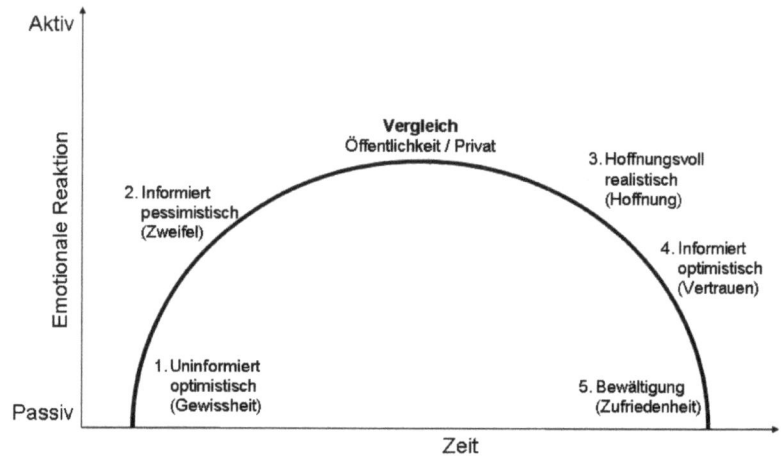

Abbildung 2: Positive emotionale Reaktion (frei übersetzt von WELTI 1999, 121)

Insbesondere bei sog. Keyusern, d.h. bei den Schlüssel-Benutzern, die stellvertretend für ihre Fachabteilung mit am ERP-Einführungsprojekt beteiligt werden, muss neben der fachlichen Qualifikation grundsätzlich eine positive Einstellung vorhanden sein, da sie sich ansonsten naturgemäß nicht für diese Position eignen (vgl. COMPUTERWOCHE 2007).

Einfluss der Organisationskultur in KMU

Da das Verhalten der Mitarbeiter durch die Organisationskultur geprägt wird, sollte versucht werden, eine optimistische Stimmung gegenüber dem neuen System zu finden.

Insbesondere wird die Organisationskultur in KMU, welche oft zu den „jungen" Unternehmen zählen, stark von der Unternehmensführung (bzw. dem Eigentümer) geprägt. Man geht davon aus, dass die maßgeblichen kulturellen Impulse von den Gründern ausgehen, da diese versuchen, ihre Wertvorstellungen direkt auf die Mitarbeiter zu übertragen (vgl. SCHEIN 1995, 236). Jedoch wird angenommen, dass es in jeder Organisation dominante Gruppen gibt, die die Organisationskultur stark prägen. Sie rekrutieren sich meist aus den Führungspositionen und vertreten gemeinsam bestimmte Grundhaltungen, welche die Kultur stark prägt (vgl. NEUBAUER 2003, 41 ff.). Dies dürfte insbesondere auf KMU zutreffen, in denen die Anzahl der Mitglieder in Führungspositionen relativ klein ist, sofern diese Mitglieder gleichgesinnte Grundhaltungen vertreten und nicht etwa gegenläufige.

Daraus folgt, dass die Personen, welche die Organisationskultur in einem KMU stark beeinflussen können, von der ERP-Einführung überzeugt sein müssen, um die Organisationskultur entsprechend positiv zu prägen.

2.4 Bedeutung der ERP-Software

Die ERP-Software ist für ein KMU geschäftskritisch: Die meisten der kritischen Unternehmensfunktionen hängen von der ERP-Software ab oder werden von ihr zumindest unterstützt (vgl. Kap. 0).

Verstärkt wird dieser Effekt durch die Annahme, dass in den meisten KMU nur genau ein integriertes Softwareprodukt eingesetzt wird. Eine Verteilung einzelner Produkte auf verschiedene Standorte, Abteilungen und/oder auf unterschiedliche Einsatzzwecke, wie es bei einem Extended Enterprise System der Fall sein könnte, ist unternehmensgrößenbedingt für KMU eher unwahrscheinlich (vgl. SHIELDS 2002, 13f.). Die folgende Abbildung des ERP-Systems im Leistungsprozess eines Unternehmens verdeutlicht noch einmal die zentrale Bedeutung:

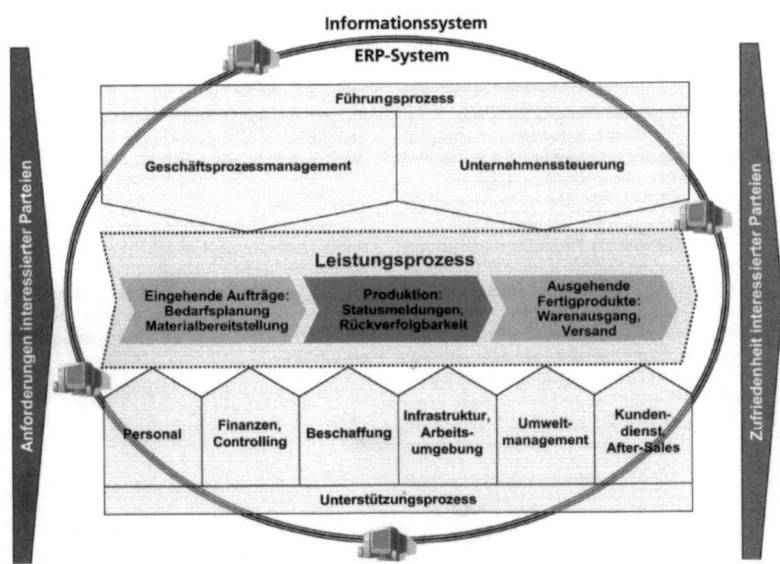

Abbildung 3: ERP-Systeme im Leistungsprozess (EBEL, SEIDL 2006, 71)

Dementsprechend ist die ERP-Einführung ein wichtiges geschäftskritisches Projekt, welches viele Ressourcen bindet und dessen Umfang nicht unterschätzt werden sollte (vgl. HESSELER, GÖRTZ 2007, 97).

3. ERP-Einführungsziele

Die Ziele einer ERP-Einführung bilden die Grundlage für ein ERP-Einführungsprojekt, da dieses letztendlich nur dem Zweck dient, diese zu erfüllen.

Unternehmen versuchen mit Ihrer Tätigkeit als oberstes Ziel eine langfristige Gewinnmaximierung zu erzielen. Da diese idealtypische Vorstellung in der Praxis nicht immer umsetzbar ist, werden typischerweise Nebenbedingungen verfolgt, die mit in das Zielsystem der Unternehmen eingehen. (vgl. WÖHE 1996, 124). Dies gilt sowohl für die ERP-Käufer als auch die ERP-Anbieter.

3.1 Ziele der ERP-Käufer

Ein Unternehmen, das eine ERP-Software einführt, hat bereits ein Zielsystem festgelegt, anhand dessen es seine typischen Geschäftätigkeiten und Geschäftsprozesse ausrichtet. Die konkreten Ziele des Einsatzes einer ERP-Software, die diese Prozesse unterstützt (vgl. Kap. 0), richten sich nach dem individuell festgelegten Zielsystem. Ihnen ist jedoch letztendlich gemein, dass versucht wird, durch den Einsatz einer ERP-Software einen Wettbewerbsvorteil gegenüber der Konkurrenz zu erzielen (vgl. GHEZZO 2007).

Ein Ziel einer ERP-Einführung ist somit: *Die individuellen Ziele des Unternehmens mit Hilfe einer neuen Technik (der ERP-Software) besser zu erfüllen.*

Auf ein weiteres Ziel wurde bereits in den vorangegangenen Kapiteln mehrfach eingegangen: *Mit einer ERP-Einführung sollen die Prozesse im Unternehmen optimiert und verändert werden.*

Es wird davon ausgegangen, dass bei nahezu allen Unternehmen bereits eine ERP-Software im Einsatz ist, auch wenn 1999 bei jedem fünften Unternehmen im produzierenden Gewerbe mit mehr als 100 Arbeitnehmen eine Eigenentwicklung eingesetzt wurde (vgl. INDUSTRIE 1999). Daher ist anzunehmen, dass heute das

16

Vorhandensein einer ERP-Software keinen Wettbewerbsvorteil gegenüber der Konkurrenz mehr bietet. *Auf Grund dessen kann die ERP-Einführung selber nicht als Ziel verstanden werden.*

Mit einer ERP-Einführung werden Ziele aus den Bereichen Technik, Geschäftsprozesse und Mitarbeiter verfolgt (vgl. SHIELDS 2002, 27). Zum Erreichen der individuell festgelegten Ziele kommen verschiedene Einführungsstrategien und -modelle zum Einsatz, auf die in den folgenden Kapiteln näher eingegangen wird.

Es existiert ein weiteres Nebenziel im Gesamt-Zielsystem des Unternehmens, welches ein Hauptziel für das ERP-Einführungsprojekt ist: *Die Minimierung der Kosten des Projektes bei der Maximierung des Nutzens.*

Der Zusammenhang zwischen den von einem Unternehmen gewollten Nutzen und den entstehenden Kosten, verhält sich wie eine klassische Kosten-Nutzen-Funktion: Es existiert ein Kostenminimum und die Kosten erhöhen sich exponentiell zum steigenden Nutzen. Somit ist der Verlauf nicht linear und lässt sich exemplarisch wie folgt darstellen:

Kosten

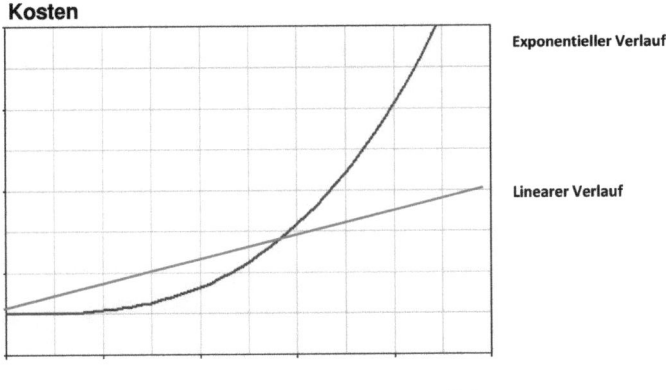

Exponentieller Verlauf

Linearer Verlauf

Nutzen

Abbildung 4: Klassisches Kosten-Nutzen-Verhältnis

Letztendlich muss ein Unternehmen selbst entscheiden, welcher Nutzen erzielt werden soll und welche Ressourcen hierfür aufgewendet werden können. Diese Entscheidung lässt sich nicht pauschalisieren, da das Optimum nur individuell ermittelt werden kann.

3.2 Ziele der ERP-Anbieter

Ein Großteil der Kosten einer ERP-Einführung eines ERP-Käufers ist gleichzeitig der Umsatz des ERP-Anbieters, da es sich oft um reine Dienstleistungsaufgaben handelt. Der ERP-Anbieter erbringt die typischerweise benötigten Leistungen eines Softwarehauses für die ERP-Einführung: Entwicklung, Produktion, Vertrieb, Beratung, Schulung, Support (vgl. Kap. 1.1).

Ziel der ERP-Anbieter ist somit: möglichst viele dieser Leistungen zu verkaufen, um seinen Gewinn zu maximieren. Es sind jedoch auch in diesem Fall verschiedene Nebenziele zu berücksichtigen, die individuell von den Unternehmen festgelegt werden.

Diese Nebenziele könnten z.b. hohe Kundenzufriedenheit, langfristige Kundenbindung, effizienter Support, Gewinnen von Kunden in neuen Branchen, ein flexibleres Softwareprodukt, hohe Datenintegrität, etc. sein. Die Nebenziele sind vielfältig, sie stehen jedoch oft im Einklang mit den Zielen der ERP-Käufer, z.b. wenn es sich um Qualitäts- oder Effizienz- Ziele handelt.

Der ERP-Anbieter ist von der Bereitschaft des ERP-Käufers, für Leistungen zu zahlen, abhängig. Daher wird er sich bemühen, ein für beide Seiten optimales Preis-Leistungs-Verhältnis zu bieten. Beide Seiten werden somit versuchen, ein möglichst produktives und ausgeglichenes Verhältnis zueinander zu finden.

Dieses Verhältnis kann jedoch gestört werden, wenn es sich um wirtschaftlich sehr ungleiche Partner handelt, wie bereits in Kap. 0 erläutert.

4. Literaturverzeichnis (inklusive weiterführender Literatur)

AT-MIX (2007): Softwarehaus. Online im Internet: "URL: http://www.at-mix.de/softwarehaus.htm [Stand:02.09.2007]".

BROCKHAUS (2005): ERP. Begriffsdefinition. In: Greulich, Walter (Hg.): Der Brockhaus Computer und Informationstechnologie. Hardware, Software, Multimedia, Internet, Telekommunikation. Leipzig, Mannheim: Brockhaus (Fachlexikon).

BROCKHAUS (2007): Agil. Begriffsdefinition: Der Brockhaus in 15 Bänden. Permanent aktualisierte Online-Auflage. Leipzig, Mannheim: Brockhaus.

BROCKHAUS (2007): Klassisch. Begriffsdefinition: Der Brockhaus in 15 Bänden. Permanent aktualisierte Online-Auflage. Leipzig, Mannheim: Brockhaus.

CHECKLISTE (2008): Das Checklisten-Verzeichnis. Online im Internet: "URL: http://checkliste.de [Stand:11.02.2008]".

COMPUTERWOCHE (2007): Firmen verschenken ERP-Chancen. Thema der Woche. In: Computerwoche, H. 20, S. 11.

DORRHAUER, C./ ZLENDER, A. (2004): Business-Software. ERP, CRM, EAI, E-Business ; eine Einführung. Marburg: Tectum-Verl.

EBEL, D./ SEIDL, P. (2006): ERP-System als IT-Rückrad. In: Hompel, Michael ten (Hg.): Software in der Logistik. Marktspiegel. 1. Aufl. München: Huss-Verl. (Logistik Praxis).

EBEL, N. (2007): PRINCE2 - Projektmanagement mit Methode. Grundlagenwissen und Vorbereitung für die Zertifizierungsprüfungen. München: Addison-Wesley.

EU-KOMMISSION (2005): KMU-Definition. Online im Internet: "URL: http://ec.europa.eu/enterprise/enterprise_policy/sme_definition/index_de.htm [Stand:02.09.2007]".

FISCHER, H./ FLEISCHMANN, A./ OBERMEIER, S. (2006): Geschäftsprozesse realisieren. Ein praxisorientierter Leitfaden von der Strategie bis zur Implementierung. 1. Aufl. Wiesbaden: Vieweg.

GEBERT, D./ ROSENSTIEL, L. VON (1992): Organisationspsychologie. Person und Organisation. 3., überarb. und erw. Aufl. Stuttgart: Kohlhammer.

GERNERT, C. (2003): Agiles Projektmanagement. Risikogesteuerte Softwareentwicklung. München: Hanser.

GHEZZO, M. (2007): KMU sollten genau prüfen, welches Konzept ihren Bedürfnissen entspricht. Ressort: PC & CO. In: Computerwelt, H. 5.

GNATZ, M. A. J. (2005): Vom Vorgehensmodell zum Projektplan. Dissertation. München. Technische Universität, Fakultät für Informatik.

HAUER, R. (1996): Total-quality-Management in der Softwareproduktion. Industrielle Leistungserstellung und Modelle eines umfassenden Qualitätsmanagements. Frankfurt am Main: Lang.

HESSELER, M./ GÖRTZ, M. (2007): Basiswissen ERP-Systeme. Auswahl, Einführung und Einsatz betriebswirtschaftlicher Standardsoftware. Herdecke, Witten: W3L-Verl.

HOFMANN, D. (2005): Unternehmensführung, Studienbrief 2, Unternehmensorganisation – Aktuelle Methoden der Unternehmensführung: Studienbrief der Hamburger Fern-Hochschule.

IBM (2007): Rational Unified Process. Online im Internet: "URL: http://www-306.ibm.com/software/awdtools/rup/ [Stand:07.10.2007]".

INDUSTRIE (1999): Selbstgestrickte Programme genießen hohen Stellenwert bei ERP-Anwendern. Online im Internet: "URL: http://www.industrie.de/industrie/live/infothek/fachartikelarchiv/ha_artikel/detail/905531.html [Stand:17.09.2007]".

KLEIN, G. (2003): ERP-Implementierung: Big Bang Aansatz vs. Stufenweiser Einführung von ERP-Systemen. Seminararbeit. Wirtschaftsuniversität Wien. Online im Internet: "URL: http://wwwai.wu-wien.ac.at/~koch /lehre/inf-sem-ss-03/klein/klein.pdf [Stand:17.09.2007]".

KNÖLL, H.-D. (2001): Optimising business performance with standard software systems. How to reorganize workflows by chance of implementing new ERP-systems (SAP, BAAN, Peoplesoft, Navision ...) or new releases. 1. Aufl. Braunschweig: Vieweg.

MARTIN, R. (2006): So gelingt die ERP-Einführung. Produkte und Technologien. In: Computerwoche, H. 18, S. 28–29.

NEUBAUER, W. F. (2003): Organisationskultur. Organisation und Führung. Stuttgart: Kohlhammer.

ORTNER, W. (2005): Effizienz durch Workflowmanagement. Vorgehensmodell für ERP-Systeme. Graz: Leykam. Industrielles Management, Bd. 3.

PLMLABOR (2007): Accelerated SAP. Online im Internet: "URL: http://www.plmlabor.de/index.php?id=1178 [Stand:04.10.2007]".

POHL, K. (2007): Requirements Engineering. Grundlagen, Prinzipien, Techniken. 1. Aufl. Heidelberg: dpunkt.Verl.

SAP (2007): Implementation Roadmap. Online im Internet: "URL: http://help.sap.com/saphelp_46c/helpdata/de/c5/feaa38bc6ff279e10000009b38f8cf/frameset.htm [Stand:04.10.2007]".

SCHEIN, E. H. (1995): Unternehmenskultur. Ein Handbuch für Führungskräfte. Frankfurt: Campus-Verl.

SCHERER, E. (2005): Letztlich entscheidet das Tagesgeschäft: Anwender-Qualifizierung in ERP-Projekten. In: ERP Management, H. 2, S. 22–25.

SEIBOLD, H. (2006): IT-Risikomanagement. München: Oldenbourg.

SHIELDS, M. G. (2002): ERP-Systeme und E-Business schnell und erfolgreich einführen. Ein Handbuch für IT-Projektleiter. 1. Aufl. Weinheim: Wiley-VCH.

TOBLER, G./ U.A. (2004): Kosten für Einführung ERP System. Online im Internet: "URL: http://www.competence-site.de/discussion.nsf/ 859719b44b8a3878c1256a31004e6993/38e2f87394cde231c1256ed0003f81d9!OpenDocument [Stand:15.07.2007]".

VERING, O. (2002): Methodische Softwareauswahl im Handel. Ein Referenz-Vorgehensmodell zur Auswahl standardisierter Warenwirtschaftssysteme. Berlin: Logos-Verl.

WELTI, N. (1999): Successful SAP R/3 Implementation. Practical Management of ERP Projects. Amsterdam: Addison-Wesley.

WIKIPEDIA/ 91.10.167.135 (2007): Enterprise Resource Planning. Online im Internet: "URL: http://de.wikipedia.org/w/index.php?title= Enterprise_Resource_Planning&oldid=35923072 [Stand:24.08.2007]".

WIKIPEDIA/ GFLEWIS (2006): Rational Unified Process. Phasenmodell. Online im Internet: "URL: http://upload.wikimedia.org/wikipedia /en/a/aa/RationalUnifiedProcess.png [Stand:06.10.2007]".

WIKIPEDIA/ W!B (2007): Fragenkatalog. Online im Internet: "URL: http://de.wikipedia.org/w/index.php?title=Fragenkatalog&oldid=38890132 [Stand:12.11.2007]".

WÖHE, G. (1996): Einführung in die Allgemeine Betriebswirtschaftslehre. 19.,neubearb. Aufl. München: Vahlen.

WOLF, H./ ROOCK, S./ LIPPERT, M. (2005): eXtreme Programming. Eine Einführung mit Empfehlungen und Erfahrungen aus der Praxis. 2., überarb. und erw. Aufl. Heidelberg: dpunkt-Verl.

Mehr zu diesem Thema finden Sie in „Vorgehensmodell zur ERP-Einführung in kleinen und mittelständischen Unternehmen (KMU)" von Lars Nielsen, ISBN: 978-3-638-94778-7, http://www.grin.com/de/e-book/91659/vorgehensmodell-zur-erp-einfuehrung-in-kleinen-und-mittelstaendischen-unternehmen/